SOCIÉTÉ RÉGIONALE DES ARCHITECTES

du Nord de la France.

NOTICE NÉCROLOGIQUE

DE

M. Désiré SAUVAGE

Décédé Président.

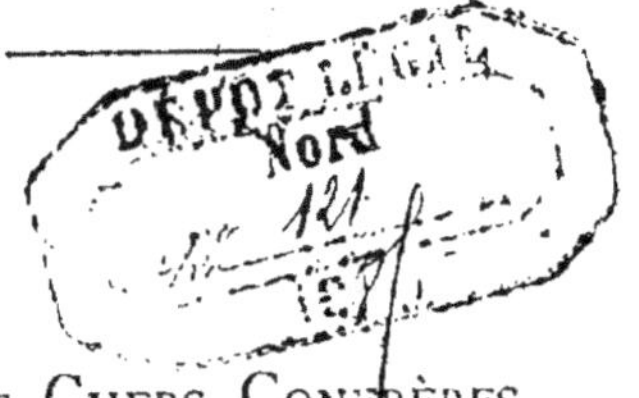

MESSIEURS ET CHERS CONFRÈRES,

Notre Société vient d'éprouver une perte cruelle dont elle gardera longtemps le souvenir, pour elle le dévouement de Désiré Sauvage était sans borne ; il est possible que ce dévouement puisse être égalé, mais il est certain qu'il ne sera jamais surpassé. Quoique malade et se traînant avec peine il a encore voulu présider notre séance de Décembre et dans les derniers jours de son existence il nous entretenait souvent de sa société, il indiquait les mesures qu'il croyait propres à assurer son avenir et sa prospérité.

Nous nous rappellerons l'exemple qu'il nous a donné pour nous dévouer aussi à l'œuvre qui lui était si chère. Par notre bonne confraternité, par d'utiles et sérieux travaux, par notre persistance à poursuivre avec énergie la réforme des abus dont nous nous plaignons, nous arriverons à assurer à notre profession et à notre société la position honorable qu'elle doit logiquement occuper et nous aurons ainsi réalisé les vœux de celui qui peut nous servir de modèle.

Désiré-Théophile Sauvage, né à Douai en 1824, est décédé à Lille le 17 Janvier 1885, il vint très jeune habiter cette ville. Après avoir fait de bonnes études au collège municipal, il entra en 1841 dans les bureaux de M. Benvignat architecte distingué, artiste du plus grand mérite, dont le talent réel était, avec justice, très apprécié par la municipalité lilloise et par ses concitoyens.

Quelque temps après je fus admis dans les mêmes bureaux, et de cette époque date notre mutuelle amitié qui dura 43 ans.

Élève des écoles académiques de Lille, Désiré Sauvage y obtient des succès, notamment dans la classe d'architecture où une médaille de deuxième classe lui fut décernée en 1844 et une de première classe en 1845.

Employé dévoué et consciencieux, élève studieux et docile, travailleur infatigable, il faisait prévoir alors ce qu'il serait un jour.

En 1851, à la suite d'un brillant examen, il fut admis au nombre des architectes autorisés à diriger les travaux des communes et des établissements publics.

Pendant les trente-trois années qu'il exerça sa profession, il fit exécuter de nombreuses constructions, industrielles, particulières et communales.

Nous citons les plus importantes :

CONSTRUCTIONS INDUSTRIELLES.

Filatures de coton et de lin : MM. Mallet frères, rue des Stations, 94, à Lille. — M. Delesalle, à la Madeleine.— M. Vandesmet, à Watten.— M. Hennion, à Lincelles. — M. Crépy, Boulevard de la Moselle, à Lille. — M. De Baillancourt, à Douai. — MM. Dubois et Charvet-Colombier, à Armentières.

Tissage : M. J. Casse, rue de Bouvines, à Lille.

CONSTRUCTIONS PARTICULIÈRES.

Habitations : MM. Mallet frères, rue des Stations, 94, à Lille. — M. Delesalle, à la Madeleine. — M. Lallier, place du Concert, à Lille. — M. J. Casse, rue de Bouvines, à Lille. — M. Taffin, à Estaires. — M. Olivier, rue Solférino, 314, à Lille. — M. Houzé, Square de Jussieu, 11, à Lille. — M. Torris, à Gravelines. — M. Deswarte, rue de la Gare, 11, à Lille. — M. Crépy-Scrive, Boulevard Vauban, 124, à Lille.

Maisons de campagne : M. Descamps, à Lomme. — M. Roussel, à Laventie. — Mme Mariage-Bonte, à Branleux. — Mme Godefroy, à Mons en-Barœul.

CONSTRUCTIONS COMMUNALES.

Collège, hospice et orphelinat, à Estaires. — Petit Lycée, à Lille. — Nombreuses écoles primaires.

Ces travaux, consciencieusement étudiés jusque dans leurs moindres détails et exécutés avec un soin minutieux, font honneur à notre collègue et assurent à

Désiré Sauvage une place honorable parmi les architectes du Nord de la France.

En sus des importantes constructions que nous venons d'énumérer, il fut chargé d'un grand nombre d'expertises ; son honorabilité, sa parfaite intégrité et la rectitude de son jugement, appréciées par tous, lui avaient acquis la confiance du Tribunal qui le chargeait des affaires les plus difficiles et les plus délicates.

Ces heureuses qualités, unanimement reconnues par ses confrères, lui ont bien souvent valu d'être consulté par eux dans des cas embarrassants, et ils lui confiaient volontiers la mission d'arbitre quand ils ne pouvaient se mettre d'accord sur quelques questions professionnelles.

Chacun de nous se rappelle son aménité, combien il paraissait heureux de pouvoir être utile à ses confrères ; il ne ménageait ni son temps, ni sa peine, pour leur donner un avis toujours sérieusement motivé.

Malgré ses nombreuses occupations, Désiré Sauvage trouvait encore du temps à consacrer à la chose publique.

Membre de la Commission d'assainissement des logements insalubres en 1864, il sut faire apprécier son mérite par ses collègues qui, d'un avis unanime, le plaçaient à la tête de l'une des sections.

Membre de la Commission administrative des Ecoles Académiques en 1871, il y laisse une place qui sera bien difficilement remplie ; successivement secrétaire et trésorier de cette commission il y a rendu les plus grands services ; aimé des élèves, honoré par ses collègues, il avait certes bien mérité les palmes

académiques, les membres de la commission les deman-
dèrent pour lui, et je ne sais pourquoi cet honneur,
auquel il eut été si sensible, ne lui fut pas accordé.

Membre de la Commission départementale des
bâtiments civils en 1878, il sut par la clarté des rapports
qu'il y présentait, par le bon sens pratique qu'il
apportait à l'étude de sprojets soumis à la Commission
et par la conscience qu'il mettait à l'examen des
candidats au titre d'architectes des communes, justifier
le choix de l'administration.

Membre de l'Association amicale des anciens élèves
du Collège et du Lycée de Lille, il fut élu président
pour l'exercice 1881-1882, et à la réunion générale du
2 Octobre 1882, il prononça un discours qui fut
remarqué.

Dans ces différentes fonctions, DÉSIRÉ SAUVAGE se
montra dévoué, assidu, désireux de bien faire; mais
rien n'égalait le dévouement et l'attachement qu'il
avait voué à sa chère Société des Architectes, dont il
fut en 1868 l'un des membres fondateurs les plus actifs,
il contribua puissamment à son établissement et on
peut dire qu'il est un de ceux qui, par ses utiles et
importants travaux, lui ont permis de s'affirmer et d'ac-
croître son influence et sa notoriété.

Vos suffrages unanimes, mes chers Confrères,
l'ont nommé dix fois membre du bureau, il y remplit,
tour à tour les fonctions de trésorier, de secrétaire,
de vice-président et de président, et pour la troisième
fois, il occupait le fauteuil quand la mort est venu le
surprendre.

Nous n'oublierons jamais le soin qu'il apportait à l'examen des questions soumises à nos délibérations, l'urbanité et l'inaltérable bienveillance avec lesquelles il présidait nos séances ; il trouvait toujours un mot gracieux à adresser même à ceux dont il ne partageait pas les idées ; si quelquefois une discussion s'égarait, il savait avec son sens droit, doucement et sans froissement rappeler à la question, et il indiquait presque toujours la solution juste qu'il s'agissait de trouver.

Désiré Sauvage possédait un amour excessif de la justice, et tout ce qui y était contraire le révoltait, aussi c'est avec une ardeur infatigable qu'il défendait les droits de ses confrères. Il en donna une bien grande preuve quand il prit si énergiquement la défense des intérêts des enfants de notre collègue Charles Leroy, auxquels on contestait une grande partie de l'héritage de leur père, le fruit du travail de presque toute la vie de cet artiste d'un si grand mérite.

Les plans, les coupes, les élévations et tous les détails de construction et d'ornementation, à grande échelle de la basilique de Notre-Dame de la Treille à Lille, dont Charles Leroy avait commencé la construction, étaient entièrement terminés ; de plus il avait exécuté lui-même en grande partie, un magnifique modèle en relief de l'édifice et on ne pensait pas devoir payer ce travail si complet et si consciencieusement étudié.

Désiré Sauvage revendiqua énergiquement la somme importante qui était due à Charles Leroy pour ses projets ; non-seulement il dirigea toute cette affaire, se renseignant auprès de nos confrères de la Société

Centrale, dont il obtint le concours dévoué, mais encore il assista aux débats et, sur la demande du président, il expliqua au tribunal tout le travail de Charles Leroy, en s'efforçant de faire comprendre aux juges combien il avait fallu de longues et laborieuses études, de temps et d'énergie, pour accomplir l'immense travail que représentaient les nombreux dessins placés sous les yeux du tribunal.

Ces dessins en effet faisaient connaître toute la pensée de l'éminent architecte et permettront à ses successeurs de réaliser son œuvre entière, telle qu'il l'avait conçue, enfin il prononça une véritable plaidoierie, et il parvint à convaincre les juges qui allouèrent aux enfants de Charles Leroy une somme de 5o.ooo francs, faible rémunération pour un aussi grand travail, mais somme considérable, sans doute, au point de vue de juges, incompétents en cette matière, et qui ont cru rémunérer ainsi largement le travail de l'architecte.

Cette décision a été un grand triomphe pour notre collègue, et la médaille que vous lui avez décernée dans cette circonstance, était certes bien méritée.

Nos bulletins renferment de nombreux rapports, d'une rare logique d'argumentation, d'une rédaction claire et précise, que Désiré Sauvage savait nous présenter sous une forme attrayante.

On peut citer notamment :

1° Le rapport de la commission du conseil judicaire, *(Mai 1871).*

2° Le rapport de la commission de la porte de Paris, *(conservation du monument, Janvier 1873).*

3° Le rapport de la commission du concours de l'Institut, question des ingénieurs et des architectes, *(Décembre 1877). Une médaille a été décernée à Sauvage pour ce remarquable travail.*

4° Le rapport de la commission des honoraires, *(Décembre 1880).*

5° L'intéressant compte-rendu des travaux du Congrès de 1884.

Membre de la commission de la rédaction du bulletin, pendant 14 ans, il y a rendu de grands services.

Depuis 1875, Désiré Sauvage assistait chaque année au Congrès des Architectes à Paris, c'était presque sa seule distraction, il était assidu aux séances et prenait une part active aux discussions dans lesquelles sa parole était fort écoutée; il fut plusieurs fois appelé à l'honneur de présider les séances du Congrès.

Tout récemment il avait été désigné par les fondateurs de la caisse de défense mutuelle des Architectes, comme membre du conseil ; mais sa santé déjà chancelante à cette époque, ne lui permit pas d'accepter cet honneur.

Nos confrères parisiens l'avaient en grande estime, et quoiqu'il ne fît pas partie de la Société Centrale, M. Charles Lucas assistait à ses funérailles et y représentait les nombreux amis que Sauvage possédait dans cette éminente société.

Des notices nécrologiques, rédigées par M. Charles Lucas, ont été insérées dans le bulletin de la Société Centrale, *(Janvier 1885),* et dans le troisième numéro du bulletin de la caisse de défense mutuelle des Architectes.

La Société Centrale d'Architecture de Belgique a aussi, dans son bulletin de Janvier, consacré un article nécrologique à la mémoire de notre Président.

Ces nombreuses marques de sympathie prouvent combien notre collègue était apprécié et estimé par tous ceux qui l'ont connu, et nous sommes heureux d'adresser ici nos sentiments de reconnaissance aux Sociétés Centrales de Paris et de Bruxelles et tout particulièrement à M. Charles Lucas, l'un de nos conseillers honoraires les plus dévoués.

Jusqu'à la fin de sa carrière, notre regretté Collègue nous a donnné des preuves de son dévouement. Le 13 Octobre dernier, notre Président, malade, ne pouvait assister à la séance extraordinaire règlementaire. Cette séance était extraordinaire à double titre, non seulement nous visitions des œuvres exécutées par quelques-uns de nos Membres, mais encore nos nouveaux Confrères d'Amiens assistaient pour la première fois à nos réunions ; Désiré Sauvage, alors Vice-Président, était déjà souffrant, il n'en laissa rien paraître et courageusement, homme du devoir avant tout, il voulut remplacer le Président et il nous consacra toute sa journée.

Malgré un temps excessivement mauvais, il dirigea nos visites à Lille et dans la banlieue, présida la séance et le banquet où il prit plusieurs fois la parole, mais il avait outrepassé ses forces et, dans la nuit qui suivit cette réunion, il subit une crise affreuse qui faillit l'emporter ; depuis cette époque il déclina chaque jour ; il baissait physiquement, mais l'intelligence et la volonté restaient intactes ; il voulut néanmoins lutter et surtout continuer à remplir ses fonctions de Président ; il occupa encore le fauteuil à la séance de Décembre, mais ce fut sa dernière sortie.

A partir de ce jour, il travaillait dans son cabinet, il y réunissait des collègues et il dirigeait ses travaux. Il luttait toujours, mais la maladie fut la plus forte et il dut s'aliter. Cela ne l'empêcha pas de nous donner encore ses instructions et de s'occuper de sa chère Société qui eut presque sa dernière pensée.

On peut dire qu'il est mort sur la brèche ; c'était un cœur vaillant, un homme juste et bon, honnête dans toute l'acceptation du mot, c'était un savant Constructeur, un Architecte de mérite et il est vraiment, mes chers Collègues, un de ceux qui ont le plus honoré notre profession.

Désiré Sauvage a beaucoup souffert dans sa vie privée ; il a perdu deux fils, l'un de vingt ans et l'autre de dix-huit ; tous deux intelligents, élèves des plus distingués du Lycée de Lille, il en était fier à juste titre et il pouvait espérer pour eux un brillant avenir. Le chagrin profond qu'il ressentait de cette double perte a certainement abrégé son existence et, malgré les adoucissements apportés à sa douleur par ses trois autres fils qui, dans l'Armée, les Sciences et l'Architecture, continueront les bonnes traditions qu'il leur a laissées, il fut jusqu'à son dernier jour accablé sous le poids de ces cruels souvenirs ; de plus des chagrins professionnels l'ont aussi fort affligé.

Notre Collègue avait encore une grande et bien rare

vertu, il était indulgent, il cherchait toujours à excuser les fautes commises et les défauts des autres.

Vous l'avez honoré pendant son existence en l'appelant trois fois à la Présidence, et certainement vous auriez été heureux si vous aviez pu faire davantage.

Désiré Sauvage, pendant sa longue carrière d'Architecte, n'a pas reçu les récompenses honorifiques qu'il méritait à tant de titres. Aujourd'hui qu'il n'est plus, il est de notre devoir de chercher à perpétuer sa mémoire et, dans ce but, je viens vous proposer de décider, qu'en raison des services rendus par lui à notre Société, le nom de Désiré Sauvage sera et restera toujours inscrit en tête de la liste annuelle des Membres de la Société régionale des Architectes du Nord de la France.

Vous aurez ainsi, dans la limite de vos moyens, payé votre dette de reconnaissance à celui qui vous était si dévoué, qui nous aimait et qui restera, sans conteste, un modèle d'honneur, de probité et de toutes les vertus professionnelles.

A. MOURCOU.

Lille, 14 Février 1885.

Lille. — Imprimerie Liégeois-Six. 11299.

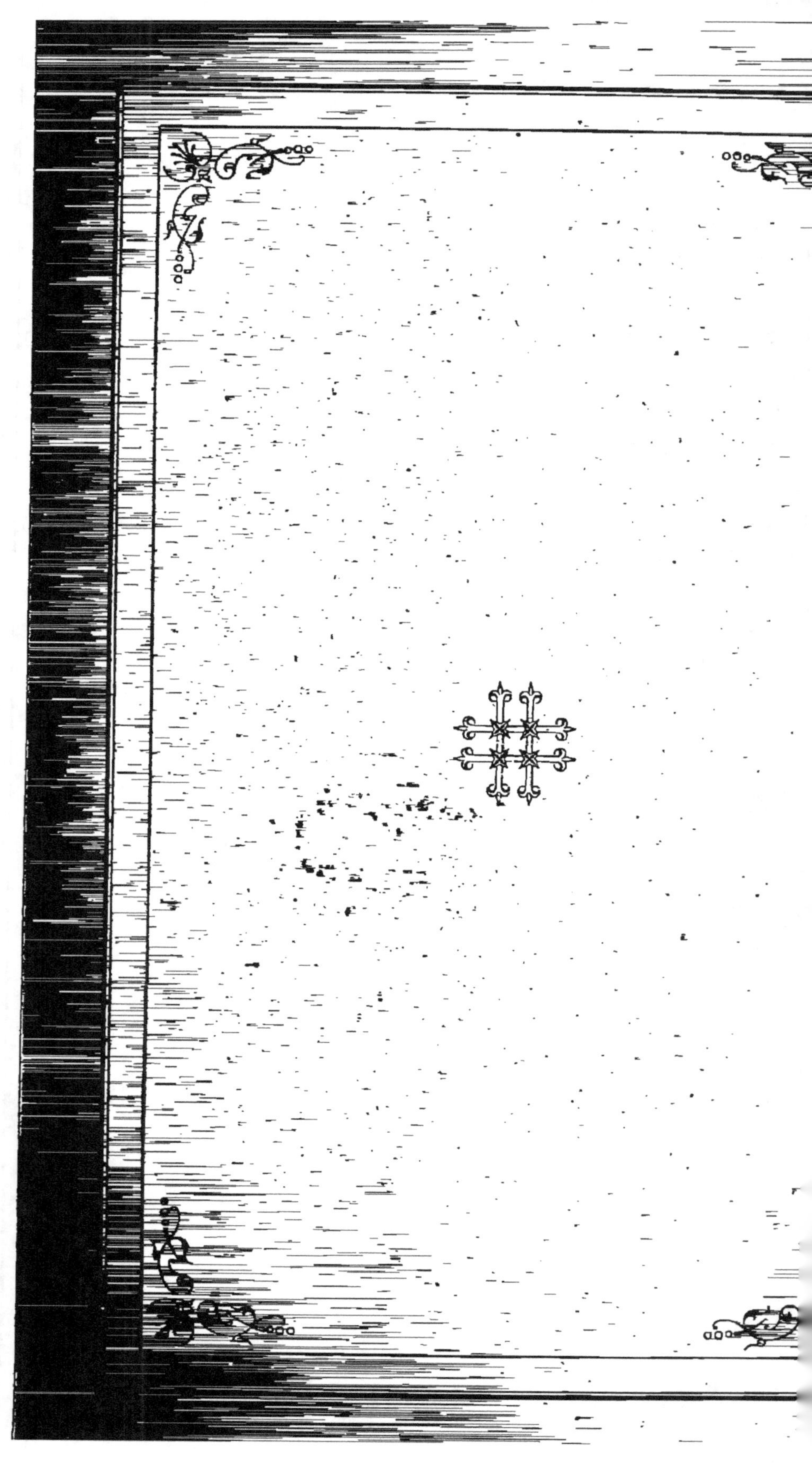